KB268862

추천 · 감수 **김완기**
한국아동문학회 중앙위원장, 한국아동문학연구회 수석부회장, 국제펜 · 한국문인협회 ·
한국저작권협회 회원. 서울서래초등학교 교장 역임. 서울신문 신춘문예에 동시가 당선되었고,
한국아동문학작가상, 한정동아동문학상, 대한민국동요대상 등을 수상했습니다.
동화집 〈내 배꼽이 더 크단 말이야〉, 동시집 〈엄마, 이게 행복인가 봐〉,
이야기책 〈마음을 따뜻하게 해 주는 101가지 작은 이야기〉 등 다수의 어린이 책을 썼습니다.

추천 · 감수 **이창수**
한국문인협회 아동문학분과 회장, 한국아동문학회 부회장, 국제펜 회원이며,
어린이 전문 출판사의 편집장 등을 역임했습니다. 한국아동문예작품상, 한국아동문예상,
한국아동문학작가상, 김영일아동문학상 등을 수상했습니다. 〈정수가 위험해〉, 〈우주 여행〉,
〈공포의 진주 동굴〉, 〈따뜻한 남쪽 나라〉 등 다수의 어린이 책을 썼습니다.

추천 · 감수 **김병규**
한국일보 신춘문예에 동화 부문과 중앙일보 신춘문예 희곡 부문에 각각 당선된 뒤 활발한
창작 활동을 하고 있습니다. 〈희망을 파는 자동판매기〉, 〈나무는 왜 겨울에 옷을 벗는가〉,
〈요리사의 입맛〉, 〈그림 속의 파란 단추〉, 〈아침에 부르는 자장가〉 등의 작품을 발표하였으며,
대한민국문학상, 소천아동문학상, 해강아동문학상 등을 수상하였습니다.
현재 소년한국일보 편집국장으로 일하고 있습니다.

글 **남춘자**
아동 문학 작가로, 현재 어린이책을 연구하고 기획하고 있습니다.
주요 작품으로 〈구운몽〉, 〈노트르담의 곱추〉, 〈숏다리 농구단〉, 〈훔스〉, 〈아라비안나이트〉,
〈탈무드〉, 〈빨간 머리 엔〉, 〈파브르 곤충기〉 등이 있습니다.

그림 **김민철**
세종대학교 회화과를 졸업하고, 단체전 및 개인전 전시회를 여러 번 열었습니다.
현재 프리랜서 일러스트레이터로 활동 중입니다. 작품으로는 〈주인 없는 가게〉,
〈소금 장수 이야기〉, 〈마지막 잎새〉, 〈단군 이야기〉 등이 있습니다.

헤밍웨이 테마 위인 47
톨스토이

펴 낸 이 박희철
펴 낸 곳 한국헤밍웨이
연구개발원 경기도 성남시 분당구 금곡동 444-148
대표전화 (031) 715-7722
팩　　스 (031) 786-1100
출판신고 제406-2013-000056호
기　　획 김현정, 이은선, 정강호
편　　집 박종휘, 조애경, 임미옥, 이영혜, 황혜전, 왕혜선, 조선학
디 자 인 전경숙, 한유영, 조수진, 김지혜, 안성하, 이정하, 김진아, 정년화

대지를 노래한 러시아 문학가

톨스토이

글 | 남춘자 그림 | 김민철

한국헤밍웨이

러시아의 한 시골길에 마차 한 대가 달리고 있었어요.
길은 눈으로 하얗게 덮여 있었지요. 마차 안에는 나이가 지긋한 백작과
그의 아들이 타고 있었어요. 마차가 어느 집 앞을 지날 때, 갑자기
사냥개 한 마리가 달리는 마차 바퀴 속으로 뛰어들었어요.
"쯧쯧, 다리를 다쳐서 이제 사냥은 못하겠는걸. 차라리 죽이는 게 낫겠어."
이 때 마차 안에 앉아 있던 백작의 어린 아들이 벌떡 일어났어요.
"제발 개를 죽이지 마세요! 치료하면 살 수 있을 거예요."
이 아이가 바로 위대한 작가이며, 사상가*인
레프 니콜라예비치 톨스토이랍니다.

* 사상가 : 인생이나 사회 문제 등에 대하여 깊은 생각을 가진 사람,
　　또는 철학에 대해 알고 있는 것이 많은 사람을 말해요.

톨스토이는 1828년 남러시아의 야스나야 폴랴나라는
작고 아름다운 마을에서 태어났어요. 톨스토이에게는 아버지
톨스토이 백작과 니콜라이, 세르게이, 드미트리라는 세 형과
마리아라는 여동생이 있었어요. 톨스토이의 어머니는 그가
두 살 때 세상을 떠나고 말았지요. 톨스토이가 여덟 살이 되던 해,
아버지는 아이들의 교육을 위해 모스크바에 가기로 결심했어요.
모스크바에는 톨스토이의 할머니가 살고 계셨지요.
"와, 신난다! 우리도 큰 도시로 간다."
톨스토이 형제들은 가슴이 두근거렸어요.

“와아, 정말 크고 화려하다! 사람도 많고……."
하지만 톨스토이 형제들의 기쁨은 오래가지 못했어요.
다음 해에 아버지 톨스토이 백작이 갑자기 병으로 세상을
떠났거든요. 그 충격으로 할머니마저 세상을 떠났지요.
다섯 형제는 서로 끌어안고 눈물을 흘렸어요.
그 후 톨스토이와 드미트리, 마리아는 다시 야스나야 폴랴나로
돌아갔어요. 고향에는 넓은 땅과 많은 농노*가 남아 있었거든요.
비록 부모님은 안 계셨지만, 먼 친척 아주머니가
톨스토이 형제들을 따뜻하게 보살펴 주셨어요.

*농노 : 넓은 땅을 가진 귀족에게 매여, 농사일을 하며 살던 노예를 말해요.

'반드시 훌륭한 외교관*이 될 거야.'

열여섯 살이 된 톨스토이는 카잔 대학에 입학했어요.

그러나 몇 개월 후, 톨스토이는 대학 생활에 실망하고 말았지요.

까다로운 학교 규칙과 엄격한 수업은 그를 숨막히게 했어요.

톨스토이는 방황하기 시작했어요. 귀족 친구들과 어울려 밤새 술을
마시고 춤을 추기도 했어요. 그러나 그런 것들도 즐겁지 않았어요.

"이건 결코 옳은 생활이 아니야. 이런 생활은 내 영혼을 병들게 해.
고향으로 가자. 농노들과 함께 살면서 인생에 대해 공부하자."

그 무렵, 러시아 농노들의 생활은 말할 수 없이 가난했어요.

귀족들은 그것을 당연하게 여겼지요. 농노들 자신조차도
가난은 피할 수 없는 일이라고 생각했어요.

*외교관 : 나라와 나라 사이의 친분이나 교역 같은 중요한 일들을
관리하거나 직접 맡아서 하는 사람이에요.

톨스토이는 사람은 누구든 자유롭고, 행복하게
살아야 한다고 생각했어요.
"그들이 자유롭고 풍요롭게 살 수 있도록 도와 주자."
그 후 그는 허름한 옷을 입고, 농노들과 함께 일을 했어요.
"저 젊은 나리, 혹시 머리가 좀 이상한 거 아니야?"
농노들의 냉담*한 반응에 톨스토이는 크게 실망하고 말았어요.

*냉담 : 무슨 일에 마음을 두지 않고 무관심하거나
        동정심이 없고 쌀쌀한 것을 말해요.

결국 톨스토이는 새로운 경험을 하기 위해 카프카스로 떠났어요.
새로운 환경은 톨스토이를 무척 활기차게 만들었지요.
그런데 몇 달 후, 톨스토이는 건강이 나빠져서 쉬어야 했어요.
그 때부터 톨스토이는 소설을 쓰기 시작했어요.
깊은 절망 속에서 또 다른 희망을 발견한 것이지요.

"사람들의 삶을 글로 쓰는 것도 보람 있는 일이야."
스물네 번째 생일을 앞둔 어느 날, 마침내 톨스토이의
첫 작품인 〈유년 시대〉가 완성되었어요.
자신의 어린 시절을 바탕으로 한 소설이었지요.
이 소설은 잡지에 실려 큰 인기를 얻었어요.
첫 작품에서 용기를 얻은 톨스토이는 그 후
〈지주의 아들〉, 〈카자흐〉와 같은 작품들을 썼어요.
그 동안 건강을 되찾은 톨스토이는 항구 도시인
세바스토폴로 떠났어요. 그 곳에서 크림 전쟁*을 겪으며,
전쟁의 비참함을 느꼈지요.
그 즈음 바로 윗형인 드미트리가 죽었어요.
형의 죽음은 톨스토이를 다시 고향으로 향하게 했지요.

*크림 전쟁 : 1853~1856년에, 러시아에 대항하여 영국과 프랑스를 중심으로 한
연합군이 일으킨 전쟁이에요.

크림 전쟁에서 진 러시아는 경제적으로 아주 나쁜 상황이었어요.
'앞선 유럽의 문명을 직접 보고 배워야겠다.'
톨스토이는 처음 보는 프랑스 파리의 밝고 명랑한 분위기에 강한 인상을
받았어요. 대학에서 강의도 듣고, 연극도 보았지요. 때로는 음악회에 가기도
했어요. 그러던 어느 날, 단두대*에서 죄수를 죽이는 모습을 보게 되었어요.
'어떻게 사람이 사람을 저렇게 죽일 수 있단 말인가?
이것이 인간을 위해 만든 법이란 말인가?'
톨스토이는 사람을 쉽게 믿는 성격이 아니었어요.
더욱이 사람이 만든 법은 더욱 믿지 않았지요.

*단두대 : 죄인의 목을 자르는 높은 단상을 말해요.

유럽을 여행한 뒤 〈세 죽음〉, 〈결혼의 행복〉 등의 소설을 쓰면서,
톨스토이는 농민 학교를 세웠어요.
'비참한 생활에서 벗어나는 길은 교육뿐이야.'
"학교에 다니느니, 차라리 그 시간에 일을 하는 게 낫겠다. 뭐."
농노들의 비웃음 속에서도 톨스토이는 수업을 이끌어 나갔어요.
그러자 아이들이 하나 둘 모여들기 시작했어요.
'이 아이들이 자라 어른이 되면 나라가 좋아질 거야.'
톨스토이는 희망의 씨앗을 심는 기분이었어요.
"자연으로 돌아가라!"라고 외친 프랑스의 사상가 루소와
생각이 같던 톨스토이는, 아이들을 자연스럽게 키우려고 노력하였지요.

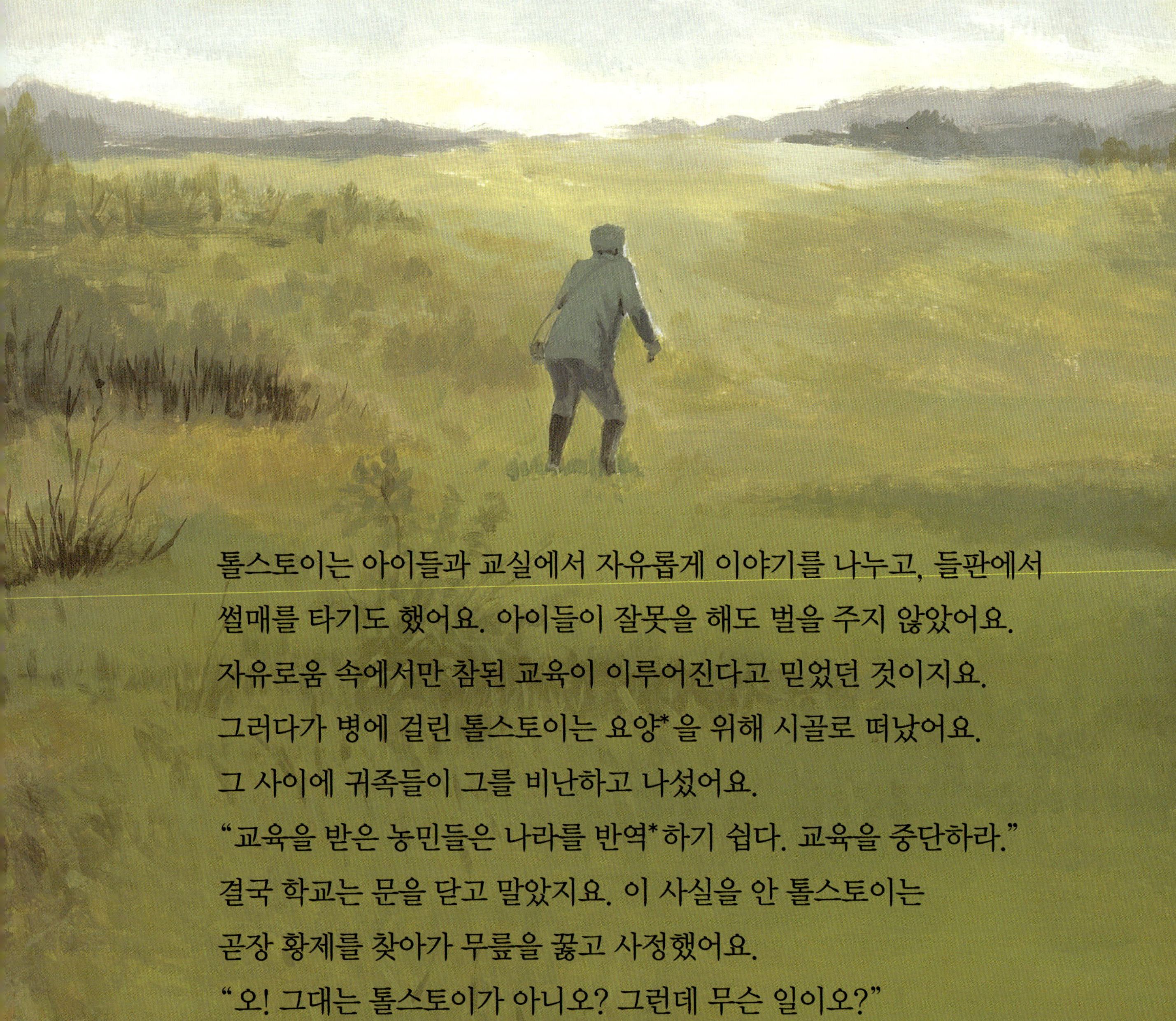

톨스토이는 아이들과 교실에서 자유롭게 이야기를 나누고, 들판에서
썰매를 타기도 했어요. 아이들이 잘못을 해도 벌을 주지 않았어요.
자유로움 속에서만 참된 교육이 이루어진다고 믿었던 것이지요.
그러다가 병에 걸린 톨스토이는 요양*을 위해 시골로 떠났어요.
그 사이에 귀족들이 그를 비난하고 나섰어요.
"교육을 받은 농민들은 나라를 반역*하기 쉽다. 교육을 중단하라."
결국 학교는 문을 닫고 말았지요. 이 사실을 안 톨스토이는
곧장 황제를 찾아가 무릎을 꿇고 사정했어요.
"오! 그대는 톨스토이가 아니오? 그런데 무슨 일이오?"
톨스토이는 이미 러시아 황제가 알 정도로 유명한 소설가였어요.
그 후 학교는 다시 문을 열었어요.

*요양 : 몸을 보살피고 병을 다스리며, 치료하는 것을 말해요.
*반역 : 배반하여 돌아선다는 말이에요.

서른네 살이 되어 톨스토이는 궁정 의사의 딸인 소피아와 결혼했어요.
그녀는 톨스토이가 글을 잘 쓰도록 도와 주었지요. 그 다음 해부터
톨스토이는 프랑스의 황제인 나폴레옹이 러시아로 쳐들어온 것을
배경으로 한 〈전쟁과 평화〉라는 장편 소설*을 쓰기 시작했어요.
"나는 이 작품을 쓰기 위해 내 목숨을 잉크 병 속에 집어 넣었다."
톨스토이가 온 힘을 다 쏟아 부은 작품이었지요.
6년 만에 완성된 〈전쟁과 평화〉는 곧 전세계에 알려졌어요.
그 동안 톨스토이 부부는 네 명의 아이를 낳았어요.
작품을 쓰고 난 뒤에는 아이들과 학교에서 쓸 교과서를 만들었어요.
톨스토이의 아이들이 마을 아이들을 가르치기도 하였지요.

*장편 소설 : 다른 소설에 비해 길이가 아주 긴 소설이에요.

쉰 살 즈음에 톨스토이는 귀족들의 생활을 날카롭게 파헤친
〈안나 카레니나〉를 썼어요. 이에 귀족들은 크게 화를 내었지만
러시아의 문호* 도스토예프스키는 칭찬을 아끼지 않았어요.

*문호 : 아주 훌륭한 문학 작품을 써서 세상에 알려진 사람을 말해요.

‘내가 과연 올바르게 살고 있는 것인가?’ 톨스토이는 인생과 신앙에 대해
깊이 생각했어요. 그래서 성서를 공부하면서 인생에 대한 ‘참회록’을
썼어요. 아내인 소피아는 소설을 쓰지 않는 남편이 못마땅했어요.
남편이 가난한 사람들에게 지나치게 관심이 많다고도 생각했지요.
하지만 톨스토이는 고집이 센 사람이었고, 가난한 사람들에게 무관심한
귀족들을 이해할 수 없었어요.
그래서 논문 〈그러면 우리는 무엇을 할 것인가〉를 발표했어요.

"자기가 먹을 것은 자기 스스로 일해서 얻어야 한다."
톨스토이는 가난한 농민과 똑같이 생활했어요.
귀족들과의 모임도 끊고, 술과 담배도 하지 않았지요.
그 무렵 톨스토이의 가족들은 모스크바에서 생활했는데,
그는 거기에도 잘 가지 않았어요.

가난한 사람들을 위해 저작권*을 포기하려고 마음 먹었지요.
하지만 소피아의 반대로 작품의 일부만 그렇게 하기로 하였어요.
그 후 톨스토이는 소피아와 말다툼을 자주 했어요.
〈하느님의 나라는 너희 안에 있다〉는 이 때 발표한 글이에요.
이 글은 두호보르* 교도*들에게 깊은 감동을 주었어요.

*저작권 : 작가나 화가, 음악가 등이 자기 작품에 대해 복제·번역·방송·상연 등을
          독점적으로 이용할 수 있는 권리를 말해요.
*두호보르 : 18세기 중엽에 성립된 러시아 정교회의 한 분파예요.
*교도 : 종교를 믿는 사람을 말해요.

‘폭력과 전쟁은 하느님의 뜻에 어긋난다.’ 라는 구절에
감동을 받은 두호보르 교도들은 마침내 종교 운동을 일으켰어요.
러시아 정부는 두호보르 교도들을 죽이기 시작했지요.
이 때 죽은 교도들이 수천 명이 넘는다고 해요.
러시아 정부는 톨스토이를 시베리아로 내쫓고 싶었지만,
더 큰 폭동*이 일어날까 봐 그렇게 할 수 없었어요.

*폭동 : 어떤 집단이 폭력으로 소동을 일으켜서 사회를 어지럽히는 일을 말해요.

그 대신 톨스토이를 따르는 사람들을 나라 밖으로 내쫓았어요.
'그들을 구하려면 돈이 필요하다.'
이 때 톨스토이는 남녀의 아름답고 슬픈 사랑 이야기를 다룬
장편 소설 〈부활〉을 발표했어요. 〈부활〉은 나오자마자
날개 돋친 듯 팔렸어요. 책을 팔아 벌어 들인 돈으로
그는 러시아 정부에 쫓겨난 사람들을 구하는 데 힘썼답니다.
그 후 톨스토이는 러시아 사람들에게
더욱 열렬한 사랑을 받았어요.

1908년, 톨스토이는 여든 번째 생일을 맞았어요. 러시아뿐만 아니라
영국, 프랑스, 독일, 이탈리아 등 세계 각지에서 오는 축하객들로
그의 집은 시끌벅적했어요. 한편, 저작권 문제로
톨스토이와 소피아는 여전히 사이가 좋지 않았어요.
그러던 어느 날 새벽 아내에게 이별의 편지를 쓴 뒤,
톨스토이는 의사와 함께 기차에 올랐어요.
하지만 그들은 곧 작은 시골 역에 내려야만 했어요.
오래도록 기침을 하던 톨스토이가 결국 폐렴에 걸리고 말았거든요.
의술*이 발달하지 않은 옛날에는 폐렴에 걸리면 치료하기가 참 힘들었답니다.
"나, 나는 진리를 사랑한다……. 나는…… 알고 싶다……."
1910년 11월 20일 아침, 여든두 살의 문호 톨스토이는 끝내 숨을
거두고 말았어요. 그의 시신*은 곧 고향으로 옮겨져,
많은 사람들의 가슴 속에 묻히게 되었답니다.

* 의술 : 병을 치료하는 기술을 말해요.
* 시신 : 죽은 사람의 몸을 말해요.

톨스토이의 발자취

(1828~1910년)

▲ 소설을 쓰고 있는 톨스토이.

▼ 오랜 역사를 자랑하는 러시아의 수도 모스크바.

▲ 1862년 결혼할 당시의 톨스토이와 17세의 소피아.

▲ 영화 〈전쟁과 평화〉의 한 장면.

▼ 〈청년 시대〉의 원고의 첫 페이지.

▲ 말을 탄 톨스토이.

▼ 톨스토이의 서재.

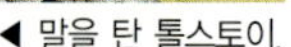

▲ 영화 〈부활〉의 한 장면.

톨스토이의 생애	한국사 주요 사건	세계사 주요 사건
1828 년 러시아의 야스나야폴랴나에서 태어남.	삼남 지방에 병충해 극심. 효명세자 병사(1830). 김정희, 〈세한도〉 그림(1844).	우루과이 독립. 프랑스, 7월혁명(1830). 런던 노동자협회 결성(1836).
1846 년 대학을 그만두고 고향으로 돌아와 농민 계몽 운동을 시작하나 실패하고 3년 동안 방탕한 생활을 함.	김대건 신부 순교. 철종의 친정 시작(1851).	영국에서 곡물법 폐지. 미국·멕시코 전쟁 시작(~1848) 중국, 태평천국운동(1851).
1852 년 작품 〈유년 시절〉을 발표하여 문단에 데뷔함.	러시아 선박, 함경도 덕원·영흥 해안에 침입, 어민들을 살상(1854).	영국과 프랑스가 터키와 동맹, 크림 전쟁에 참가(1854).
1857 년 프랑스, 이탈리아, 스위스 등을 여행하고 돌아와 〈청년 시절〉을 발표함.	최한기, 〈지구전요〉 저술 완료.	인도, 세포이 항쟁(~1858).
1859 년 농민들을 교육시키기 위해서 농민 학교를 세움.	원자 죽음. 최제우, 동학 창시(1860). 임술 농민항쟁(1862).	다윈, 〈종의 기원〉 발표. 링컨, 노예 해방 선언(1862).
1869 년 〈전쟁과 평화〉를 6년 동안의 작업 끝에 완성. 아내 소피아가 원고 정리 등 톨스토이의 일을 도움.	전라도 광양현에서 민란 발생. 신미양요(1871). 선혜청 별창에 화재(1873).	수에즈 운하 개통. 빌헬름 1세, 독일 제국 건설(1871). 에스파냐 연방 공화국 성립(1873).
1876 년 〈안나 카레니나〉를 발표함.	병자수호조약(강화도조약) 체결.	벨, 전화 발명.
1882 년 모스크바의 빈민굴을 둘러본 후, 지주에서 농민의 생활로 변화.	임오군란. 제주민란 발생(1891).	독일·오스트리아·이탈리아 3국동맹.
1899 년 〈부활〉을 출간하고 그 수익금으로 두호보르 교도를 캐나다로 이주시킴.	경인선 개통.	헤이그 국제회의.
1901 년 러시아 정교회에서 파문당함. 노벨상 수상을 거부함.	신식화폐조례 공포(금본위제 채택).	노벨 상 제도 창설.
1910 년 작은 시골 역의 관사에서 사망함.	한일 병합.	영국령 남아프리카 연방 성립.

▲ 말년의 톨스토이의 모습.

◀ 고리키와 톨스토이(1900년).

▼ 손자들과 정답게 이야기하는 말년의 톨스토이.

톨스토이

톨스토이의 위대한 작품

톨스토이의 손꼽히는 장편 소설 〈전쟁과 평화〉는 귀족의 생활과 전쟁을 통해 '어떻게 살 것인가' 라는 질문을 던지는 책이에요. 이 책은 역사 소설뿐만 아니라, 예술 소설로도 극찬을 받은 작품이지요.

두 번째 장편 소설 〈안나 카레니나〉는 귀족 부부들의 생활을 그리면서, 귀족들을 크게 비판하고 있어요.

마지막 장편 소설 〈부활〉은 친구이자 저명한 법률가인 코니에게 들은 이야기에서 영감을 얻어 쓴 작품이죠. 그래서 처음에는 제목이 〈코니의 수기〉였답니다.

〈부활〉에서는 귀족 네플류도프가 하녀 카츄사를 사랑하다가 배반해 버리지요. 그 후 카츄사는 힘들고 외로운 생활을 하다가 법정에서 다시 네플류도프를 만나요. 결국 네플류도프가 반성을 하고, 다시 카츄사를 사랑하게 된다는 이야기랍니다.

〈전쟁과 평화〉, 〈안나 카레니나〉, 〈부활〉 등 톨스토이의 3대 작품은 영원히 우리 가슴에 남을 거예요.

정의로운 사회를 꿈꾸었던 위대한 문학가

톨스토이는 일찍이 농민 학교를 세워 배우지 못한 사람들에게 배움의 기회를 주고, 자신의 모든 재산인 저작권을 포기하면서까지 가난한 사람들을 구하려고 애썼어요.

그러나 톨스토이의 아내인 소피아는 톨스토이가 가난한 사람들에게 지나치게 관심을 갖는다고 불만을 나타내기도 하였지요.
하지만 톨스토이는 고집이 무척 센 사람이었어요.
어느 날 그는 저택 앞의 커다란 느릅나무에 종을 매달았어요. 그리고 그 나무를 '가난한 사람들의 나무' 라고 불렀어요. '가난한 사람들의 나무' 에 매달린 종은 말 그대로 가난한 사람들을 위한 종이었어요. 가난한 사람은 누구나 그 종을 칠 수 있었지요.
톨스토이는 일을 하다가도 종소리가 나면 모든 일을 제쳐두고 나무 밑으로 달려갔어요. 지나가는 나그네에게는 잠자리와 음식을, 가난한 사람에게는 음식과 옷가지 등을 나누어 주었지요.
이렇듯 어려운 이웃들의 이야기를 소재로 해서 〈가난한 사람들〉이라는 소설을 쓰기도 했어요.
톨스토이의 이러한 정신이 세계적인 명작을 남겼으며, 사람들에게 정의는 승리한다는 진리를 가르쳐 주었답니다.

▌읽고 나서 논술대비 – 생각 나누기 ▐

1. 톨스토이가 대학 생활에 실망한 이유는 무엇이었나요?

2. 톨스토이가 가난한 농노들을 보고 느낀 건 무엇이었나요? 가난한 농노들을 위해 톨스토이는 어떤 일들을 했는지 말해 보세요.

3. 아내인 소피아가 톨스토이에게 가진 불만에는 어떤 것들이 있었나요?

4. 톨스토이가 소설을 쓰게 된 이유는 무엇이었나요?

5. 톨스토이는 교육에 있어서 '자연으로 돌아가라' 는 사상을 가졌던 루소와 같은 생각을 가졌는데 그 말의 의미는 무엇일지 생각해 보세요.